W0196631

Weihnachts-
lieder

arsEdition

A Running Press Miniature Edition™

© der Originalausgabe: 1991 licensed by Running Press Book Publishers, 125 S. 22nd Street, Philadelphia, Pennsylvania 19103 USA
© dieser Ausgabe: 1996 arsEdition, München
Alle Rechte vorbehalten

Abdruck der Illustrationen auf den Seiten 1, 13, 14, 25, 38, 49, 57, 66, 81, 90, 96, 117, 118 und 125 mit freundlicher Genehmigung von: Popular Culture Library, Bowling Green State University. Auf den Seiten 56, 84 und 110: The Granger Collection, New York. Auf den Seiten 1, 70, 87, 93 und 95: Hulton/Bettman. Die Illustrationen auf den Seiten 7, 43, 62 und 103 wurden entnommen: Margaret und Kenn Whitmyer, *Christmas Collectibles*, Collector Books, Paducah, KY 1987.
Gestaltung: Stephanie Longo
Umschlaggestaltung: Toby Schmidt
Printed in China · ISBN 3-7607-3058-2

Inhalt

Und dort ein Klang, ein Leuchten,
    Weihnachtslieder …
Ich trete ein, das Kirchlein hat noch
    Raum.
»Vom Himmel hoch –« und meine
    Seele wieder
umfängt der lichte, goldne
    Weihnachtstraum.

ELISABETH KOLBE

Alle Jahre wieder

Al - le Jah - re wie-der kommt das Chri- stus -kind

auf die Er-de nie - der _, wo wir Men-schen sind.

Alle Jahre wieder
kommt das Christuskind
auf die Erde nieder,
wo wir Menschen sind.

Kehrt mit seinem Segen
ein in jedes Haus,
geht auf allen Wegen
mit uns ein und aus.

Steht auch mir zur Seite
still und unerkannt,
daß es treu mich leite
an der lieben Hand.

Am Weihnachtsbaum

Am Weih- nachts- baum die Lich- ter bren- nen, wie glänzt er fest- lich, lieb und mild als spräch er: Wollt in mir er- ken- nen ge- treu- er Hoff- nung stil- les Bild!

Am Weihnachtsbaum die Lichter
    brennen,
wie glänzt er festlich, lieb und mild
als spräch er: Wollt in mir
    erkennen
getreuer Hoffnung stilles Bild!

Die Kinder stehn mit hellen
    Blicken,
das Auge lacht, es lacht das Herz;
o fröhlich seliges Entzücken!
Die Alten schauen himmelwärts.

Zwei Engel sind hereingetreten,
kein Auge hat sie kommen sehn;
sie gehn zum Weihnachtstisch und
   beten
und wenden wieder sich und gehn.

Gesegnet seid, ihr alten Leute,
gesegnet sei, du kleine Schar!
Wir bringen Gottes Segen heute
dem braunen wie dem weißen
Haar.

Zu guten Menschen, die sich
    lieben,
schickt uns der Herr als Boten aus,
und seid ihr treu und fromm
    geblieben,
wir treten wieder in dies Haus.

Kein Ohr hat ihren Spruch ver-
    nommen;
unsichtbar jedes Menschen Blick
sind sie gegangen wie gekommen;
doch Gottes Segen blieb zurück!

19

Es ist ein Ros entsprungen

Es ist ein Ros ent- sprun-gen aus
Wie uns die Al- ten sun- gen, aus

ei - ner Wur- zel zart. und hat ein
Jes - se kam die Art

Blüm - lein bracht, mit - ten im kal - ten

Win - ter wohl zu der hal - ben Nacht.

Es ist ein Ros entsprungen
aus einer Wurzel zart.
Wie uns die Alten sungen,
aus Jesse kam die Art
und hat ein Blümlein bracht,
mitten im kalten Winter
wohl zu der halben Nacht.

Das Röslein, das ich meine,
davon Isaias sagt:
Maria ist's, die Reine,
die uns das Blümlein bracht.
Aus Gottes ew'gen Rat
hat sie ein Kind geboren
und blieb doch reine Magd.

Das Blümelein so kleine,
das duftet uns so süß,
mit seinem hellen Scheine
vertreibt's die Finsternis.
Wahr' Mensch und wahrer Gott,
hilft uns aus allem Leide,
rettet von Sünd und Tod.

24

Es kommt ein Schiff, geladen

Es kommt ein Schiff, ge - la - den bis an sein höch-sten Bord, trägt Got - tes Sohn voll Gna - den, des Va - ters e - wigs Wort.

Es kommt ein Schiff, geladen
bis an sein höchsten Bord,
trägt Gottes Sohn voll Gnaden,
des Vaters ewigs Wort.

Das Schifflein, das geht stille
und bringt uns reiche Last,
das Segel ist die Minne,
der heilig Geist der Mast.

Das Schiff kommt uns geflossen,
das Schifflein geht an Land,
hat Himmel aufgeschlossen,
den Sohn heraus gesandt.

Maria hat geboren
aus ihrem Fleisch und Blut
das Kindlein auserkoren,
wahr Mensch und wahrer Gott.

Es liegt hier in der Wiegen,
das liebe Kindelein,
sein Gsicht leucht wie ein Spiegel,
gelobet mußt du sein.

Maria, Gottes Mutter,
gelobet mußt du sein!
Das Kind ist unser Bruder,
das liebste Jesulein.

Möcht ich das Kindlein küssen
an seinen lieblichen Mund,
und wär ich krank, für g'wisse,
ich würd davon gesund.

Ihr Kinderlein, kommet

Ihr Kin- der- lein, kom- met, o kom- met doch all! Zur Krip- pe her- kom- met in Beth- le- hems Stall. Und seht, was in die- ser hoch- hei- li- gen Nacht der Va- ter im Him- mel für Freu- de uns macht.

Ihr Kinderlein, kommet,
o kommet doch all!
Zur Krippe herkommet
in Bethlehems Stall.
Und seht, was in dieser
hochheiligen Nacht
der Vater im Himmel
für Freude uns macht.

O seht in der Krippe
im nächtlichen Stall,
seht hier bei des Lichtleins
hellglänzendem Strahl
in reinlichen Windeln
das himmlische Kind,
viel schöner und holder,
als Engel es sind.

Da liegt es, das Kindlein,
auf Heu und auf Stroh;
Maria und Joseph
betrachten es froh.
Die redlichen Hirten
knien betend davor;
hoch oben schwebt jubelnd
der Engelein Chor.

O beugt wie die Hirten
anbetend die Knie,
erhebet die Händlein
und danket wie sie.
Stimmt freudig, ihr Kinder,
wer sollt sich nicht freun?,
stimmt freudig zum Jubel
der Engel mit ein!

Was geben wir Kinder,
was schenken wir dir,
du bestes und liebstes
der Kinder, dafür?
Nichts willst du von Schätzen
und Reichtum der Welt,
ein Herz nur voll Demut
allein dir gefällt.

In dulci jubilo

In dul-ci ju-bi-lo nun sin-get und seid froh.: Un-sers Her-zens Won-ne liegt in prae-se-pi-o und leuch-tet wie die Son-ne ma-tris in gre-mi-o Al-pha es et O, Al-pha es et O

In dulci jubilo
nun singet und seid froh:
Unsers Herzens Wonne
liegt in praesepio
und leuchtet wie die Sonne
matris in gremio.
Alpha es et O,
Alpha es et O.

O Jesus parvule,
nach dir ist mir so weh.
Tröst mir mein Gemüte,
o puer optime,
durch alle deine Güte,
o princeps gloriae.
Trahe me post te,
trahe me post te.

Ubi sunt gaudia?
Nirgends mehr denn da,
wo die Engel singen
nova cantica
und die Zimbeln klingen
in regis curia.
Eja qualia!
Eja qualia!

42

Jingle, Bells

Dashing through the snow in a one-horse open sleigh,

O'er the fields we go laughing all the way.

Bells on bobtail ring, making spirits bright. What

fun it is to laugh and sing a sleighing song to-night.

Jin-gle, bells! Jin-gle, bells! Jin-gle all the way!

Oh, what fun it is to ride in a one-horse o-pen sleigh, hey! one-horse o-pen sleigh!

Dashing through the snow
In an one-horse open sleigh,
O'er the fields we go,
Laughing all the way.
Bells on bobtail ring,
Making spirits bright.
What fun it is to laugh and sing
A sleighing song tonight!

Chorus:
Jingle, bells! Jingle, bells!
Jingle all the way!
Oh, what fun it is to ride
In a one-horse open sleigh – hey!
Jingle, bells! Jingle, bells!
Jingle all the way!
Oh, what fun it is to ride
In a one-horse open sleigh!

A day or two ago,
I thought I'd take a ride,
And soon Miss Fannie Bright
Was seated by my side.
The horse was lean and lank,
But hardly worth his hay.
He veered into a drifted bank
And overturned the sleigh!

Chorus: Jingle, Bells! …

Now the ground is white.
Go for it while you're young.
Take the girls tonight
And sing this sleighing song.
Just rent a bobtail'd bay,
Two-forty for his speed.
Then hitch him to an open sleigh,
And chrack! you'll take the lead!

Chorus: Jingle, Bells! …

You won't mind the cold,
The robe is thick and warm.
Snow falls on the road,
Silv'ring every form,
The woods are dark and still.
The horse is trotting fast.
He'll pull the sleigh around the hill
And home again at last.

Chorus: Jingle, Bells! …

49

Kling, Glöckchen, kling

Kling, Glöck-chen klin- ge-lin-ge-ling, kling, Glöck-chen, kling! Laßt mich ein, ihr Kin-der, ist so kalt der Win-ter, öff- net mir die Tü-ren, laßt mich nicht er- frie- ren! Kling, Glöck-chen klin- ge-lin-ge-ling, kling, Glöck-chen, kling!

Kling, Glöckchen,
klingelingeling,
kling, Glöckchen, kling!
Laßt mich ein, ihr Kinder,
ist so kalt der Winter,
öffnet mir die Türen,
laßt mich nicht erfrieren!
Kling, Glöckchen, klingelingeling,
kling, Glöckchen, kling!

Kling, Glöckchen, klingelingeling,
kling, Glöckchen, kling!
Mädchen hört und Bübchen,
macht mir auf das Stübchen,
bring euch viele Gaben,
sollt euch dran erlaben;
Kling, Glöckchen, klingelingeling,
kling, Glöckchen, kling!

Kling, Glöckchen, klingelingeling,
kling, Glöckchen, kling!
Hell erglühn die Kerzen,
öffnet mir die Herzen!
Will drin wohnen fröhlich,
frommes Kind, wie selig.
Kling, Glöckchen, klingelingeling,
kling, Glöckchen, kling!

54

Kommet, ihr Hirten

Kom - met, ihr Hir - ten, ihr Män - ner und
kom - met, das lieb - li - che Kind - lein zu

Fraun, Chris - tus der Herr ist heu - te ge - bo - ren,
schaun den Gott zum Heiland euch hat er - ko - ren.

Fürch - tet euch nicht.

Kommet, ihr Hirten, ihr Männer
  und Fraun,
kommet, das liebliche Kindlein zu
  schaun.
Christus der Herr ist heute
  geboren,
den Gott zum Heiland euch hat
  erkoren.
Fürchtet euch nicht.

Lasset uns sehen in Bethlehems
   Stall,
Was uns verheißen der himmlische
   Schall.
Was wir dort finden, lasset uns
   künden.
Lasset uns preisen in frommen
   Weisen:
Halleluja.

Wahrlich, die Engel verkündigen
heut
Bethlehems Hirtenvolk gar große
Freud.
Nun soll es werden Friede auf
Erden,
Den Menschen allen ein Wohl-
gefallen:
Ehre sei Gott.

Leise rieselt der Schnee

Lei - se rie - selt der Schnee,

still und starr ruht der See;

weih - nacht-lich glän - zet der Wald:

Freu - e dich, Christkind kommt bald!

Leise rieselt der Schnee,
still und starr ruht der See;
weihnachtlich glänzet der Wald:
Freue dich, Christkind kommt
bald!

In den Herzen wird's warm,
still schweigt Kummer und Harm,
Sorge des Lebens verhallt:
Freue dich, Christkind kommt
bald!

Bald ist Heilige Nacht,
Chor der Engel erwacht,
hört nur wie lieblich es schallt:
Freue dich, Christkind kommt
  bald!

63

Lieb Nachtigall, wach auf!

Lieb Nachtigall, wach auf! Wach auf, du schönes Vö- ge- lein auf jenem grünen Zweigelein, wach hur- tig auf, wach auf! Dem Kin- de- lein aus- er- koren, heut ge- bo- ren, fast er- froren. Sing, sing, sing dem zarten Je- su- lein!

Lieb, Nachtigall, wach auf!
Wach auf, du schönes Vögelein
auf jenem grünen Zweigelein,
wach hurtig auf, wach auf!
Dem Kindelein auserkoren,
heut geboren, fast erfroren.
Sing, sing, sing
dem zarten Jesulein!

Flieg her zum Krippelein!
Flieg her, geliebtes Schwesterlein,
blas an dem feinen Psalterlein,
sing, Nachtigall, gar fein.
Dem Kindelein musiziere,
koloriere, jubiliere.
Sing, sing, sing
dem süßen Jesulein!

Stimm, Nachtigall, stimm an!
Den Takt gib mit den Federlein,
auch freudig schwing die Flügelein,
erstreck dein Hälselein!
Der Schöpfer dein Mensch will
    werden
mit Geberden hier auf Erden:
Sing, sing, sing
dem werten Jesulein!

Maria durch ein'n Dornwald ging

Maria durch ein'n Dornwald ging,
Kyrie eleison!
Maria durch ein'n Dornwald ging,
der hat in siebn Jahrn kein Laub
  getragen.
Jesus und Maria!

Was trug Maria unterm Herzen?
Kyrie eleison!
Ein kleines Kindlein ohne
   Schmerzen,
das trug Maria unterm Herzen.
Jesus und Maria!

Da haben die Dornen Rosen
  getragen,
Kyrie eleison!
Als das Kindlein durch den Wald
  getragen,
das haben die Dornen Rosen
  getragen.
Jesus und Maria!

Wie soll dem Kind sein Name sein?
Kyrie eleison!
Der Name, der soll Jesus sein,
das war von Anfang der Name sein.
Jesus und Maria!

Wer hat erlöst die Welt allein?
Kyrie eleison!
Das hat getan das Christkindlein,
das hat erlöst die Welt allein.
Jesus und Maria!

Morgen, Kinder, wird's was geben

Mor - gen, Kin - der, wirds was ge - ben,
Welch ein Ju - bel, welch ein Le - ben

mor - gen wer - den wir uns freun! Ein - mal wer - den
wird in un - serm Hau - se sein!

wir noch wach, hei - ßa, dann ist Weihnachtstag!

Morgen, Kinder, wird's was geben,
morgen werden wir uns freun!
Welch ein Jubel, welch ein Leben
wird in unserm Hause sein!
Einmal werden wir noch wach,
heißa, dann ist Weihnachtstag!

Wie wird dann die Stube glänzen
von der großen Lichterzahl!
Schöner als bei frohen Tänzen
ein geputzter Kronensaal.
Wißt ihr noch, wie vor'ges Jahr
es am heil'gen Abend war?

Wißt ihr noch die Spiele, Bücher
und das schöne Hottepferd,
schönste Kleider, wollne Tücher,
Puppenstube, Puppenherd?
Morgen strahlt der Kerzenschein,
morgen werden wir uns freun!

Welch ein schöner Tag ist morgen!
Neue Freude hoffen wir;
unsre guten Eltern sorgen
lange, lange schon dafür:
O gewiß, wer sie nicht ehrt,
ist der ganzen Lust nicht wert!

Morgen kommt
der Weihnachtsmann

Mor - gen kommt der Weih - nachts - mann,

kommt mit sei - nen Ga - ben.

Trommel, Pfeifen und Ge - wehr, Fahn und Säbel und noch mehr,

ja, ein gan - zes Krie - ges - heer,

möcht ich ger - ne ha - ben.

Morgen kommt der Weihnachts-
  mann,
kommt mit seinen Gaben.
Trommel, Pfeifen und Gewehr,
Fahn und Säbel und noch mehr,
ja, ein ganzes Kriegesheer
möcht ich gerne haben.

Bring uns, lieber Weihnachtsmann,
bring auch morgen, bringe
Musketier und Grenadier,
Zottelbär und Panthertier,
Roß und Esel, Schaf und Stier,
lauter schöne Dinge!

Doch du weißt ja unsern Wunsch,
kennst ja unsre Herzen.
Kinder, Vater und Mama,
auch sogar der Großpapa,
alle, alle sind wir da,
warten dein mit Schmerzen.

86

O du fröhliche

O du fröh - li - che __, o du se - li - ge __, gna - den - bringende Weih - nachts - zeit! Welt ging ver - lo - ren, Christ ward ge - bo - ren, freu - e __, freu - e dich, o Chri - sten - heit!

O du fröhliche, o du selige,
gnadenbringende Weihnachtszeit!
Welt ging verloren, Christ ward
  geboren,
freue, freue dich, o Christenheit!

O du fröhliche, o du selige,
gnadenbringende Weihnachtszeit!
Christ ist erschienen, uns zu
  versöhnen;
freue, freue dich, o Christenheit!

O du fröhliche, o du selige,
gnadenbringende Weihnachtszeit!
Himmlische Heere jauchzen dir
  Ehre.
Freue, freue dich, o Christenheit!

O Heiland, reiß die Himmel auf

O Hei - land, reiß die Him - mel auf, her - ab, her - ab vom Him - mel lauf! Reiß ab vom Him - mel Tor und Tür, reiß ab, wo Schloß und Rie - gel für!

O Heiland, reiß die Himmel auf,
herab, herab vom Himmel lauf!
Reiß ab vom Himmel Tor und Tür,
reiß ab, wo Schloß und Riegel für!

O Erd, schlag aus, schlag aus, o Erd,
daß Berg und Tal grün alles werd!
O Erd herfür dies Blümlein bring,
o Heiland aus der Erden spring!

O klare Sonn, du schöner Stern,
sich wollten wir anschauen gern,
o Sonn, geh auf! Ohn deinen
  Schein
in Finsternis wir alle sein.

96

O Tannenbaum

O Tannenbaum, o Tannenbaum, wie grün sind dei-ne

Blät-ter! Du grünst nicht nur zur Som-mers-zeit, nein,

auch im Win-ter, wenn es schneit. O Tannenbaum, o

Tannenbaum, wie grün sind dei-ne Blät-ter!

O Tannenbaum, o Tannenbaum,
wie grün sind deine Blätter!
Du grünst nicht nur zur Sommers-
zeit,
nein, auch im Winter, wenn es
schneit.
O Tannenbaum, o Tannenbaum,
wie grün sind deine Blätter!

O Tannenbaum, o Tannenbaum,
du kannst mir sehr gefallen.
Wie oft hat nicht zur Weihnachts-
zeit
ein Baum von dir mich hocher-
freut.
O Tannenbaum, o Tannenbaum,
du kannst mir sehr gefallen.

O Tannenbaum, o Tannenbaum,
dein Kleid will mich was lehren:
Die Hoffnung und Beständigkeit
gibt Trost und Kraft zu jeder Zeit.
O Tannenbaum, o Tannenbaum,
dein Kleid will mich was lehren.

101

Stille Nacht, heilige Nacht

Stil - le Nacht, hei - li - ge Nacht! Al - les schläft, ein-sam wacht nur das trau - te hoch - hei - li - ge Paar. Hol - der Kna - be im lok - ki - gen Haar, schlaf in himm - li - scher Ruh —, schlaf in himm - li - scher Ruh —!

Stille Nacht, heilige Nacht!
Alles schläft, einsam wacht
nur das traute hochheilige Paar.
Holder Knabe im lockigen Haar,
schlaf in himmlischer Ruh,
schlaf in himmlischer Ruh!

Stille Nacht, heilige Nacht!
Hirten erst kundgemacht;
durch der Engel Halleluja
tönt es laut von fern und nah:
Christ der Retter ist da,
Christ der Retter ist da.

Stille Nacht, heilige Nacht!
Gottes Sohn, o wie lacht
Lieb aus deinem göttlichen Mund,
da uns schlägt die rettende Stund,
Christ in deiner Geburt,
Christ in deiner Geburt.

106

Süßer die Glocken nie klingen

Sü-ßer die Glok-ken nie klin-gen, als zu der

Weih-nachtszeit, 's ist, als ob En-ge-lein sin-gen,

wie-der von Frie-de und Freud,

wie sie ge-sun-gen in se-li-ger Nacht,

Glok - ken mit hei - li - gem Klang,

klin - get die Er - de ent - lang.

Süßer die Glocken nie klingen,
als zu der Weihnachtszeit,
's ist, als ob Engelein singen,
wieder von Friede und Freud,
|: wie sie gesungen in seliger
   Nacht, :|
Glocken mit heiligem Klang,
klinget die Erde entlang.

Süßer die Glocken nie klingen,
als zu der Weihnachtszeit,
s' ist als ob Engelein singen
wieder von Friede und Freud,
|: wie sie gesungen in heiliger
   Nacht :|
Glocken mit heiligem Klang,
klinget die Erde entlang.

Oh, wenn die Glocken erklingen,
schnell sie das Christkindlein hört,
tut sich vom Himmel dann
   schwingen,
eilet hernieder zur Erd'.
|: segnet den Vater, die Mutter, das
   Kind :|
Glocken mit heiligem Klang,
klinget die Erde entlang.

Klinget mit lieblichem Schalle
über die Meere noch weit,
daß sich erfreuen doch alle
seliger Weihnachtszeit;
|: alle aufjauchzen mit einem
   Gesang :|
Glocken mit heiligem Klang,
klinget die Erde entlang.

112

Vom Himmel hoch
da komm ich her

Vom Himmel hoch da komm ich her, ich bring euch
gu- te neu- e Mär; der gu- ten Mär bring ich so
viel, da- von ich sing'n und sa- gen will.

Vom Himmel hoch da komm ich
  her,
ich bring euch gute neue Mär;
der guten Mär bring ich so viel,
davon ich singen und sagen will.

Euch ist ein Kindlein heut geborn
von einer Jungfrau auserkorn,
ein Kindelein so zart und fein,
das soll eur Freud und Wonne sein.

Es ist Herr Christ, unser Gott,
der will euch führn aus aller Not,
er will eur Heiland selber sein,
von allen Sünden machen rein.

Er bringt euch alle Seligkeit,
die Gott der Vater hat bereit'.
daß ihr mit uns im Himmelreich
sollt leben nun und ewiglich.

118

Wir sagen euch an den lieben Advent

Wir sa-gen euch an den lieben Ad - vent.
Wir sa-gen euch an eine hei - li - ge Zeit.

Se-het, die er - ste Ker - ze brennt.
Ma-chet dem Herrn die Wege be - reit.

Freut euch, ihr Christen, freu - et euch sehr!

Schon ist na - he der Herr.

Wir sagen euch an den lieben
  Advent.
Sehet, die erste Kerze brennt.
Wir sagen euch an eine heilige Zeit.
Machet dem Herrn die Wege
  bereit.
Freut euch, ihr Christen, freuet
  euch sehr!
Schon ist nahe der Herr.

Wir sagen euch an den lieben
  Advent.
Sehet, die zweite Kerze brennt.
So nehmet euch eins um das
  andere an,
wie auch der Herr an uns getan.
Freut euch, ihr Christen, freuet
  euch sehr!
Schon ist nahe der Herr.

Wir sagen euch an den lieben
  Advent.
Sehet, die dritte Kerze brennt.
Nun tragt eurer Güte hellen Schein
weit in die dunkle Welt hinein.
Freut euch, ihr Christen, freuet
  euch sehr!
Schon ist nahe der Herr.

Wir sagen euch an den lieben
Advent.
Sehet, die vierte Kerze brennt.
Gott selber wird kommen, er
zögert nicht.
Auf, auf, ihr Herzen, und werdet
licht.
Freut euch, ihr Christen, freuet
euch sehr!
Schon ist nahe der Herr.

Zu Bethlehem geboren

Zu Beth - le - hem ge - bo - ren ist uns ein Kin - de - lein. Das hab ich aus - er - ko - ren, sein ei - gen will ich sein. E - ja, e - ja, sein ei - gen will ich sein.

Zu Bethlehem geboren
ist uns ein Kindelein.
Das hab ich auserkoren,
sein eigen will ich sein.
Eja, eja, sein eigen will ich sein.

In seine Lieb versenken
will ich mich ganz hinab,
mein Herz will ich ihm schenken
und alles, was ich hab.
Eja, eja, und alles, was ich hab.

Oh Kindelein, von Herzen
will ich Dich lieben sehr
in Freuden und in Schmerzen,
je länger mehr und mehr.
Eja, eja, je länger mehr und mehr.

Dich, wahren Gott, ich finde
in meinem Fleisch und Blut,
darum ich fest mich binde
an Dich, mein höchstes Gut.
Eja, eja, an Dich, mein höchstes
  Gut.

Dazu Dein Gnad mir gebe,
bitt ich aus Herzens Grund,
daß ich allein Dir lebe
jetzt und zu aller Stund.
Eja, eja, jetzt und zu aller Stund.

Laß mich von Dir nicht scheiden,
knüpf zu, knüpf zu das Band
der Liebe zwischen beiden.
Nimm hin mein Herz zum Pfand.
Eja, eja, nimm hin mein Herz zum
    Pfand.